COMITÉ

DE

L'UNION RÉPUBLICAINE ET DÉMOCRATIQUE

DU CANTON DE CHATEAUROUX

—

PROCÈS-VERBAL
De la Séance du 29 Octobre 1882

Dont le *Moniteur de l'Indre* et le *Progrès de l'Indre*
ont refusé l'insertion.

———

Le comité s'est réuni, salle Courtin, à trois heures et demie de l'après-midi, sous la présidence de M. Théret.

Un des secrétaires donne lecture du procès-verbal de la séance précédente qui est adopté sans observation.

M. le Président prenant la parole cède la place à M. Basset. — M. Théret remercie d'abord les membres présents de leur exactitude aux réunions mensuelles et fait part ensuite à l'assemblée de la communication ci-après :

Messieurs,

« Les principes républicains exigent que tout mandataire du suffrage universel rende compte de ses actes à ses électeurs. C'est pour m'y conformer que je tiens à vous mettre au courant de ce qui s'est passé dans la séance du Conseil municipal du sept août dernier.

Après plusieurs demandes, M. le Maire s'est enfin

décidé à nous faire connaître dans cette séance le compte des dépenses du concours.

Ce compte étant établi d'une façon générale et présenté sous un tel jour que je défie le plus malin financier de s'y reconnaître, ou du moins de pouvoir établir le plus léger contrôle ; nous avons demandé, plusieurs de mes collègues et moi, à ce qu'il soit distribué à chacun de nous un compte détaillé afin que les électeurs sachent où passe leur argent.

M. le Maire s'est opposé vivement à notre réclamation, et pour donner le change à l'opinion publique, a fait présenter par MM. Fayet, Moreau et Prin, la motion suivante :

Le Conseil approuve le compte qui vient de lui être présenté par M. le Maire, et considérant que MM. Théret-Meunier et Panneau-Hudelot, adjoints au Maire, ont par leur abstention systématique pendant toute la durée de l'exposition, cherché à jeter le discrédit sur la nouvelle administration municipale dont ils font partie ; qu'il est de notoriété publique que ces messieurs n'exercent pas sérieusement leurs fonctions, puisqu'avec un parti pris évident, ils négligent de se rendre à la mairie ;

Qu'en outre M. Théret se faisant l'instrument de personnages bien connus, n'a pas craint d'engager dans la presse et avec la plus insigne mauvaise fois, une polémique grossière et calomnieuse à l'égard de M. le Maire son supérieur au point de vue légal que tous ces faits et gestes sont préjudiciables aux intérêts de la ville et ne pourraient dans tous les cas être exercés que s'ils avaient été précédés de la démission de leurs auteurs ;

Le conseil vote un blâme sévère à MM. Théret et

Panneau-Hudelot, adjoints au maire, et leur déclare qu'ils ne possèdent plus sa confiance.

Signé : Fayet, Moreau et Prin.

Voyez-vous, Messieurs, cette rubrique ! Dans la crainte de ne pas voir approuver ses comptes M. le Maire fait proposer par un de ses adorateurs un blâme contre ses adjoints, qui ne lui ont jamais refusé leur concours pour le service de la Mairie et fait voter ces deux questions ensemble ! On n'est pas plus adroit !

Et pour combler la mesure, dans l'espoir que les électeurs ignoreraient les noms de ceux qui ont voté une pareille énormité, M. le maire a fait demander, toujours par MM. Fayet, Moreau et Prin, à ce que le vote ait lieu au scrutin secret.

Vous savez, messieurs, que ce genre de vote qui ne sert ordinairement qu'à cacher une mauvaise action, est contraire au principe républicain. Devant une pareille proposition, sept de mes collègues et moi, nous avons déclaré que nous nous abstiendrions de voter et demandé que nos noms soient inscrits au procès-verbal.

Les membres présents étant au nombre de 23, 8 ayant déclaré s'abstenir, il restait 15 membres qui ont voté la proposition dont les noms étaient désormais connus.

La situation était très embarrassante pour ces quinze conseillers municipaux. Comment, en effet, faire connaître à ses électeurs que l'on a demandé le vote secret, alors qu'en toute circonstance, on leur a déclaré qu'on était l'ennemi de ce genre de vote, et surtout qu'on a fait cette proposition pour empêcher que des comptes soient rendus aux contribuables ?

C'est alors, messieurs, que, pour couvrir ses acolytes, M. le Maire a imaginé d'employer le procédé usité sous l'empire, de triste mémoire, de ne pas publier dans les journaux, la partie de la séance qui avait trait à ces deux questions.

Mes sept collègues et moi nous avons protesté avec énergie contre de pareils agissements dans une lettre publiée par le *Progrès de l'Indre*. Je ne vous donnerai pas lecture de cette lettre dont, sans aucun doute, vous avez eu connaissance. Je me bornerai simplement à vous rappeler que, dans cette lettre nous posions à M. le Maire les deux questions suivantes :

1° Pourquoi le compte rendu de la séance du 7 août 1882, n'a-t il pas été publié in-extenso dans le *Progrès de l'Indre ?*

2° Pourquoi n'avez-vous pas fait distribuer à chaque conseiller municipal un compte détaillé des dépenses du concours ?

Nous espérions, messieurs, que M. le Maire qui se dit un *pur* toujours à cheval sur les grands principes de 1789, aurait à cœur de nous répondre de suite, afin de faire la lumière sur des questions très délicates à traiter, et faire cesser ainsi tout commentaire malveillant, notre espoir a été déçu.

Nous attendons encore, comme sœur Anne, nous attendons toujours, et pour cause ! ! !... M. le Maire ne peut, en effet, invoquer aucune raison valable pour se défendre.

Je ne crois pas, messieurs, que de pareils faits se soient déjà présentés sous un régime parlementaire, provenant surtout de personnes qui ont la prétention d'être les seuls vrais républicains, les seuls *purs* ! Aussi n'ai-je pas hésité à les porter à votre connaissance afin que vous soyez désormais éclairés sur la valeur des déclarations des personnages en question, et que vous sachiez de quel côté se trouvent le bon droit et la vérité. »

AVIS AUX ÉLECTEURS !

Cette communication est accueillie par les applaudissements unanimes de l'assemblée.

Un membre du comité ayant la parole félicite les conseillers municipaux qui se sont séparés de leurs collègues dans la circonstance signalée par M. Théret; pour les encourager à persévérer dans cette voie, leur conduite étant en tous points conforme à la tradition républicaine, il propose au comité d'adopter l'ordre du jour suivant :

Le Comité, considérant que les membres du Conseil dont les noms suivent : Théret-Meunier, Panneau-Hudelot, Patureau-Baronnet, Villandière Jules, Courtin, Girard, Cousin et Travers, en s'abstenant lors du vote de blâme contre MM. Théret et Panneau, adjoints, et de l'approbation des comptes du Concours dans la séance du 7 août, ont agi en bons républicains ; déclare qu'ils ont bien mérité la confiance des électeurs et passe à l'ordre du jour.

Cette proposition mise aux voix est adoptée à l'unanimité.

M. le Président remercie l'assemblée tant en son nom qu'en celui de ses collègues de cette nouvelle marque de confiance et déclare en outre que son attitude à la mairie a toujours été, quoiqu'on dise, très correcte et qu'il ne saurait déroger à ligne de conduite qui lui est tracée par ses sentiments de vieux et loyal républicain.

M. Courtin propose que les membres du Comité, dont les occupations ne sont pas trop exigeantes, fassent à tour de rôle, un résumé de la politique générale en s'inspirant de la presse ; de cette manière, dit-il, les membres de notre assemblée qui, soit par leurs travaux, soit pour toute autre cause, n'ont pas le temps ou la faculté de lire les journaux seront tenus au courant de la situation actuelle de la politique et pourront ainsi communiquer leurs impressions dans leur entourage.

Cette proposition paraît avoir assez de partisans dans le Comité, entr'autres M. Péron qui, en l'approuvant, désirerait néanmoins, selon lui, qu'on ne donnât pas trop d'importance à la politique transcendante. Il serait aussi nécessaire, poursuit-il, de s'occuper sérieusement d'économie politique ; chercher à instruire les masses et les initier aux questions sociales ; multiplier les réunions ; ne pas trop s'arrêter aux personnalités ; rester toujours sur le terrain des vrais principes républicains. M. Péron en émettant ses idées très intéressantes à l'auditoire, propose ensuite au Comité de se réunir tous les 15 jours, au lieu d'une fois par mois. A ce propos quelques membres font observer que ces réunions seraient peut-être un peu rapprochées.

La proposition de M. Courtin, mise aux voix est adoptée. De plus le Comité décide, sur l'avis de M. Péron, qu'il y aura réunion dans 15 jours, sans toutefois admettre en principe les réunions de quinzaine.

M. Courtin ayant de nouveau la parole, rappelle à l'attention de l'assemblée le discours de M. Périgois, publié récemment dans les journaux de la localité, lequel discours s'est fait dans une réunion privée qui a eu lieu au foyer du théâtre. Puisque ce discours a été prononcé dans le but avoué par son auteur de rendre compte de son mandat aux électeurs de la 1re circonscription de Châteauroux, M. Courtin exprime le regret que M. Périgois n'ait pas cru devoir rendre compte de son mandat en réunion publique, comme le font tous les députés républicains. Cette manière d'agir aurait au moins permis aux membres de notre Comité, d'avoir le plaisir de l'entendre. En nous séparant du Comité démocratique, dit M. Courtin, nous n'avons eu pour but que de protester contre la politique autoritaire suivie par ce Comité.

L'assemblée n'étant pas appelée à voter sur cet incident et personne ne demandant la parole, le Président lève la séance à 5 heures 1/4.

L'un des Secrétaires,

A. PETIT.

COMPTE RENDU
De la Séance du 26 Novembre 1882

A trois heures, le comité s'est réuni, salle Courtin, sous la présidence de M. Théret.

Après le versement des cotisations mensuelles et

l'acceptation de nouveaux adhérents, M. le Président donne la parole à l'un des secrétaires pour la lecture du procès-verbal de la dernière séance qui est adopté sans observations.

L'ordre du jour appelle la lecture du rapport concernant la décision prise par la Commission instituée par le Comité pour le mode de publication des comptes rendus de ses séances. M. le rapporteur de ladite commission expose ce qui suit :

« Messieurs et chers Collègues,

« Au cours de sa dernière séance, notre comité a nommé, vous vous le rappelez, une Commission de neuf membres, qui avait pour mandat de rechercher les moyens les plus pratiques à employer, afin de donner aux procès-verbaux de vos réunions une publicité intégrale et complète.

» Votre Commission, messieurs, s'est réunie une première fois le 16 novembre ; à la suite d'une longue discussion, au cours de laquelle la question a été étudiée sous toutes ses faces, elle a arrêté les points principaux de son programme.

» Ce sont ses résolutions que je viens vous soumettre, pour que vous leur donniez par votre approbation et par votre vote, la valeur qui leur manque encore et leur consécration définitive.

» Mais avant de vous faire connaître les mesures que nous avons cru devoir vous proposer d'adopter, je dois, messieurs, remonter un peu plus haut et vous préciser les faits qui ont motivé la nomination de votre Commission de publicité.

» Votre association, Messieurs, a eu comme toute
œuvre nouvelle, des commencements modestes ; après
quelques mois d'existence, son importance devenait de
plus en plus considérable, car vous vous étiez de suite
placés sur le seul terrain qui pouvait lui offrir des bases
solides et durables, sur le terrain de l'union, largement
républicaine et démocratique.

» En écartant de vos discussions toutes questions
personnelles, en vous attachant à éclairer, autant qu'il
est en votre pouvoir, les électeurs du pays sur leurs vé-
ritables intérêts économiques, politiques et municipaux,
vous avez acquis une force morale qui ne fera que gran-
dir, nous en avons l'assurance, si vous continuez à suivre
la voie dans laquelle vous vous êtes engagés.

» Les conférences contradictoires sur l'économie générale et politique et sur les questions du jour, qui ont
été inaugurées parmi nous, et qui sont appelées à devenir
si instructives, ne pouvant donner qu'une valeur pratique importante à vos réunions, nous en étions arrivés au
moment où il était de notre devoir d'affirmer notre existence, d'autant mieux que nous entendions travailler au
grand jour, et régler nos décisions, d'après les seules
règles de la vraie démocratie et de la plus large liberté.

» Nos ressources ne nous permettant pas encore de
créer un journal indépendant, notre honorable Président, s'est adressé aux journaux de Châteauroux, qui
passent pour républicains, et confiant dans les traditions,
il ne doutait pas de recevoir bon accueil.

» Cependant il fut, contre toute attente, déçu dans ses
espérances. Nous pensions, Messieurs, que les feuilles
qui se disent libérales, devraient justifier ce titre, en

publiant impartialement tout ce qui doit éclairer le public, notre juge naturel en dernier ressort ; eh bien ! nous étions dans l'erreur, nous avions tort de croire que les choses étaient aussi simples, car nos communications n'ont été acceptées que sous bénéfice d'inventaire. Les feuilles en question se réservaient d'en dénaturer la portée et le sens, en leur faisant subir de nombreuses mutilations, elles voulaient en un mot présenter au public, les seules parties agréables à leurs patrons, qui se chargeraient, sans doute, des corrections et de la censure·

» Ce rôle, messieurs, ne pouvait nous convenir, nous le laisserons jouer à ceux qui cultivent le régime autoritaire, et qui savent si bien mettre la lumière sous le boisseau, en se couvrant du manteau de la liberté.

» L'hospitalité que les feuilles sincèrement républicaines donnent d'habitude à toute œuvre libérale et démocratique nous ayant été refusée par les journaux de Châteauroux, nous nous sommes trouvés dans l'obligation d'adresser nos communications à des journaux étrangers : à l'*Éclaireur du Berry* et à la *Petite France.*

Nous devons, en passant, Messieurs, remercier ces feuilles républicaines de l'hospitalité qu'elles nous ont largement offerte, sans aucune restriction que celle qui leur était imposée par leur format et leur mode de publication.

» Nous livrons, en passant, aux méditations des journaux de Châteauroux, cette façon qui n'est pas la leur, d'entendre et de pratiquer la liberté !

» Mais ce n'était que du provisoire, rien n'était conclu d'une façon définitive, c'était à titre gracieux que les portes nous avaient été ouvertes, mais elles pouvaient nous être temporairement fermées, soit pour une cause ou pour une autre.

» Il nous fallait prendre des arrangements certains et définitifs; voilà pourquoi, Messieurs, vous avez été appelés à nommer une commission de publicité.

» Comme point de départ, nous nous sommes demandé si nous devions essayer de traiter avec l'*Éclaireur du Berry* ou avec la *Petite France*. Nous n'avons pas cru en principe et pour le moment, de voir nous rallier à ce système, surtout à cause de la distance qui nous sépare de ces feuilles, ce qui nécessite toujours un surcroît de correspondance, des embarras et des ennuis sérieux, au point de vue de la correction et de la régularité des publications.

» Votre Commission a été unanime sur ce point, que vous deviez vous rendre maîtres de la situation et livrer au public vos procès-verbaux ainsi que vos communications diverses, à votre heure et sous la forme que vous choisiriez. Pour atteindre ce résultat nous avons arrêté, à l'unanimité, que cette publication serait faite sur des feuilles simples ou doubles suivant les besoins, imprimées à Châteauroux, et quelles seraient distribuées, soit par la poste, soit à domicile par des porteurs.

» Quelle imprimerie allions-nous choisir? Il s'est élevé, Messieurs, sur ce point, un assez long échange d'observations; je vous demande la permission de ne pas entrer dans ces détails, car nous avons été obligés d'agiter à ce sujet, quelques questions de personnes.

» Cependant je dois vous dire qu'on a discuté sur ce point: que l'imprimeur d'une feuille réactionnaire devait être écarté, par cette raison, que sa marque commerciale pourrait effaroucher la pudeur républicaine de certains électeurs.

» Sans méconnaître la valeur de cet argument, votre Commission a pensé, Messieurs, qu'il était plus spécieux que réel, et que nous ne pouvions entrer dans cette voie d'exclusion par ce motif. Un imprimeur à idées très libérales ou très réactionnaires, se trouve, par métier, dans l'obligation d'imprimer les choses les plus diverses.

» Il y a quelques années déjà, sous ce gouvernement de malheur, qui fut renversé par le souffle populaire au lendemain d'une effroyable tempête, le *Gaulois,* organe attitré de l'empire, et le *Rappel,* ce représentant des idées républicaines avancées, sortaient bien de la même presse avec le même nom d'imprimeur ! Qui se serait avisé de trouver dans ce rapprochement des indices politiques ? Personne, car ce cas est trop fréquent et trop commun, il se présente partout chaque jour, et, il ne pourrait en être autrement, car l'imprimeur est un industriel comme un autre, la sollicitude commerciale s'inquiète avant tout du nombre de pages qui sortira de ses presses, et de l'argent qui rentrera dans ses tiroirs.

» Serait-il possible qu'un commerçant républicain s'inquiétât des sentiments politiques de son client avant de le servir ?

» Nous ne pouvions pas, Messieurs, donner l'exemple de cette intolérance, nous qui sommes des libéraux ; nous devions au contraire réagir contre ces préjugés et laisser ces petits moyens à certains esprits étroits et réactionnaires, qui pratiquent la mise à l'index de certains commerçants, en achetant leur sucre chez le bon catholique et leur chandelle chez l'épicier bien pensant.

» Aussi sur la sage proposition de l'un de nos collègues, il a été arrêté que nous nous adresserions à l'imprimeur qui nous ferait notre travail dans les meilleures conditions.

» Dans notre seconde réunion du 19 novembre, nous nous sommes occupés des conférences qui ont été inaugurées dans notre comité, pour fixer le moyen de les rendre intéressantes et instructives, non-seulement pour nous-mêmes, mais aussi pour le public qui voudrait bien suivre nos travaux dans nos publications.

» Nous avons pensé, Messieurs, que ces conférences devaient être contradictoires, qu'elles pourraient se faire utilement en quelque sorte, par questions et par réponses ; ce n'est pas à un tournoi oratoire que nous voulons vous faire assister, mais à une simple conversation sur un sujet donné, au cours de laquelle seront échangées les observations diverses qui pourraient l'éclairer et l'approfondir.

» Nous pensons que ces questions faites avec la mesure, le calme et la correction qui sont de règle dans nos réunions, sont appelées à un grand résultat pratique, et que c'est un excellent moyen d'instruction, aussi bien pour le conférencier que pour les auditeurs.

» Si les résultats ne répondaient pas à nos prévisions, il nous serait facile d'apporter par la suite, les améliorations qui seraient jugées utiles, à cette manière de faire que nous vous proposons d'adopter pour le moment.

» Nous avons pensé aussi, Messieurs, qu'il appartenait au comité de décider si le ou les discours prononcés à une séance, seraient ou non publiés à ses frais. A la suite d'un vote favorable, nous voudrions que les orateurs fussent tenus de soumettre, avant toute publication, leurs épreuves, soit au Bureau, soit à la Commission de publicité, si celle-ci devenait permanente; mais il a été aussi entendu de la façon la plus expresse, que le pouvoir qui aurait à exercer son contrôle ne pourrait rechercher que les questions de personnes, ou les attaques directes, dans le cas peu probable ou ce fait viendrait à se produire. Car vous le savez, nous voulons rechercher tout ce qui peut rapprocher, et nous repousserons tout ce qui peut amener la division, non-seulement parmi nous, mais en dehors de nous.

Nous prendrons peut-être bien la liberté de discuter les idées et les actes publics des hommes publics, dans l'exercice de leurs fonctions, mais sans toucher à leurs personnes, ce qui est toujours une mauvaise politique.

» Tant qu'aux idées et aux théories les plus diverses. nous pensons que chacun est libre de les produire comme il l'entend, sous sa propre responsabilité, le Bureau ou la Commission de publicité ne devraient pas avoir le droit de les changer ni de les modifier, dans aucune de leurs parties ; les écrits et les paroles ne devant engager que leurs auteurs, le comité, dans son ensemble, refusant d'accepter. du reste, la solidarité des idées personnelles de chacun de ses membres.

» Lors de notre troisième réunion, nous avons. Messieurs, reçu communication des prix qu'on nous demandait pour imprimer nos procès-verbaux et nos comptes rendus. Je ne donnerai pas le détail des tarifs des honorables industriels auxquels nous nous étions adressés, ceci ne vous offrirait qu'un médiocre intérêt ; ce qu'il vous importe le plus de savoir, c'est que nous avons fait notre choix, en nous conformant aux décisions prises dans une réunion précédente.

» Nous avons décidé aussi qu'un compte-rendu sommaire de nos réunions serait rédigé à part et adressé aux journaux républicains La *Petite France* et l'*Éclaireur du Berry*, en même temps que les autres publications que nous pourrions faire.

» Le format de ces journaux, ne leur permettant pas le plus souvent de livrer au public nos comptes rendus *in-extenso*, nous avons pensé que ce résumé, fait par l'un de nous, rendrait mieux la physionomie de nos séances ; c'est aussi dans notre pensée un hommage gracieux que nous comptons offrir à ces deux estimables feuilles, qui, dans des temps difficiles, nous ont donné une hospitalité désintéressée et généreuse, qu'on voulait nous faire payer ailleurs, comme vous le savez, au prix de notre honneur.

» Nous vous parlions tout à l'heure d'une Commission permanente de publicité ; nous pensons, Messieurs, que vous devriez en créer une, ou donner ce caractère à celle que vous avez déjà nommée, car, en effet, son rôle ne devrait pas se borner, croyons-nous, à surveiller nos publications, mais aussi à rechercher et à faire répandre celles qu'elle croirait utiles, et pour cela elle n'a pas à travailler eu dehors mais à côté de votre Bureau.

» Si dans la pratique vous voyez dans ce fait une confusion de pouvoirs, vous êtes souverains pour modifier ou supprimer cette institution.

» En terminant, Messieurs, je puis vous le dire, les

résultats que nous avons acquis déjà, sont un gage certain pour l'avenir, car notre œuvre n'appartient pas à un de nous, elle est à tous.

» Nous disons : « Place à tous les citoyens de bonne volonté ; » mais que chacun de nous, en particulier, soit un gardien vigilant, prêt à défendre les intérêts communs contre quiconque tenterait de les accaparer à son profit.

» Notre œuvre, Messieurs, nous la croyons nécessaire, non-seulement pour nous, mais pour tous les électeurs, car nous avons confiance dans le suffrage universel.

» Notre devoir est de l'éclairer, de l'amener à servir les intérêts du plus grand nombre, au lieu des appétits de quelques ambitieux.

» Nous saurons, Messieurs, nous rendre dignes de cette sublime et puissante institution, qui nous représente le premier degré de l'égalité politique de l'homme, en la servant en citoyens dévoués, désintéressés, qui regardent comme un honneur de travailler dans la mesure de leurs forces, au maintien de l'ordre, de la liberté et de la grandeur de la Patrie. »

Ce rapport est adopté à l'unanimité par l'Assemblée, laquelle déclare en outre maintenir en permanence la commission de publicité.

M. le Président fait connaître au comité qu'une conférence aura lieu le 17 décembre et lève la séance a 5 heures.

L'un des Secrétaires,

A. PETIT.

Châteauroux, imp. AUPETIT. 10731.

www.ingramcontent.com/pod-product-compliance
Lightning Source LLC
Chambersburg PA
CBHW060722280326
41933CB00013B/2535